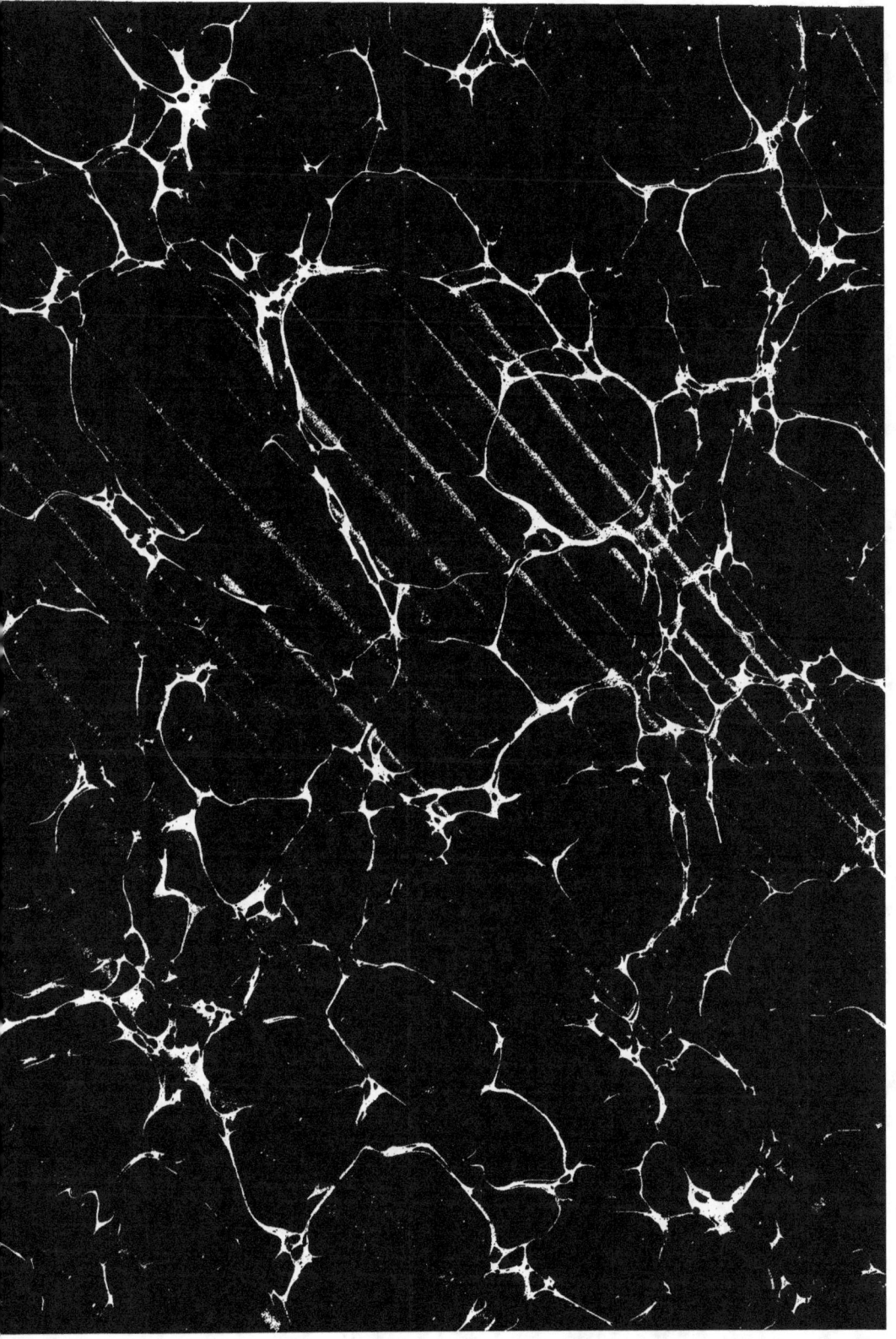

225

LES
RUINES KHMÈRES

CAMBODGE ET SIAM

DOCUMENTS COMPLÉMENTAIRES D'ARCHITECTURE,
DE SCULPTURE ET DE CÉRAMIQUE

PAR

LUCIEN FOURNEREAU

ARCHITECTE
CHARGÉ D'UNE MISSION ARCHÉOLOGIQUE PAR LE MINISTÈRE DE L'INSTRUCTION PUBLIQUE
ET DES BEAUX-ARTS

Album de cent dix planches en phototypie

PARIS
ERNEST LEROUX, ÉDITEUR
28, RUE BONAPARTE, 28

1890

Tous droits réservés.

Les planches contenues dans cet album sont le complément nécessaire du premier volume paru sous le titre « Les ruines d'Angkor ». Dans la première partie nous nous étions surtout attachés à donner des vues d'ensemble des monuments décrits. Nous nous proposons ici un autre but : c'est de faire connaître l'Architecture, la Sculpture et la Céramique des Khmers dans tous les détails de leurs motifs et de leurs procédés. C'est pour cette raison que nous avons adopté, non plus l'ordre historique comme dans le premier volume, mais l'ordre architectural, et que nous passons en revue successivement toutes les parties dont se compose un édifice.

Un certain nombre de planches reproduisent des photographies tirées sur les lieux mêmes. Les autres ont été prises au Musée Khmer du Trocadéro : elles proviennent des moulages qu'ont rapportés du Cambodge et du royaume de Siam les missions de Doudart de Lagrée, Francis Garnier et MM. Delaporte, Aymonier, Filoz, Faraut et Fournereau.

C'est à la bienveillance du Ministère de l'Instruction publique et des Beaux-Arts que nous devons de pouvoir publier ce deuxième volume. Une autorisation courtoise de M. Larroumet nous a permis d'accomplir au Musée les études nécessaires ; un rapport favorable de M. X. Charmes nous a fait accorder la subvention dont nous avions besoin. Nous leur adressons, à eux et à Monsieur le Ministre des Beaux-Arts, nos très vifs et très respectueux remerciements.

LES RUINES KHMÈRES

BERTHAUD, FRÈRES
IMPRIMEURS
9, RUE CADET, 9
PARIS

PL. 1
ANGKOR-THÔM
FRAGMENTS DIVERS DE DÉCORATION

Pl. 2

PIMEAN-ACAS, DANS ANGKOR-THÔM

FRAGMENT DE PILASTRE

PL. 3
BENG - MÉALÉA
FRAGMENT DE PILASTRE

PL. 4
BENG-MÉALÉA
FRAGMENT DE PILASTRE

Pl. 5
BENG-MÉALÉA
FRAGMENT DE PILASTRE

PL. 6
BENG - MÉALÉA
FRAGMENT DE PILASTRE ET CHAPITEAU

THAMMA-NÂN — PL. 7 — BENG-MÉALÉA

FRAGMENTS DE PILASTRE

THAMMA-NÂN

ANGKOR-VAT

Pl. 8

FRAGMENTS DE PILASTRE

TA-PRÔM

THAMMA-NÂN

PL. 9 — FRAGMENTS DE PILASTRE

Pl. 10

BARAÏ-MÉ-BAUNE — THAMMA-NÂN

FRAGMENTS DE PILASTRE

Pl. 11

PHNOM - BACHEY

CHAPITEAUX DE PILASTRE

PL. 12
PONTEAY-PREA-KHAN, PRÈS ANGKOR-THOM
FRAGMENT DE PILASTRE

PL. 13
ANGKOR - VAT
ENTRÉE OUEST — FRAGMENT DE PILASTRE

ANGKOR - VAT

CHAPITEAUX DE PILIER ET DE PILASTRE

PL. 15
ANGKOR - VAT
ENTABLEMENT — GALERIE EN CROIX

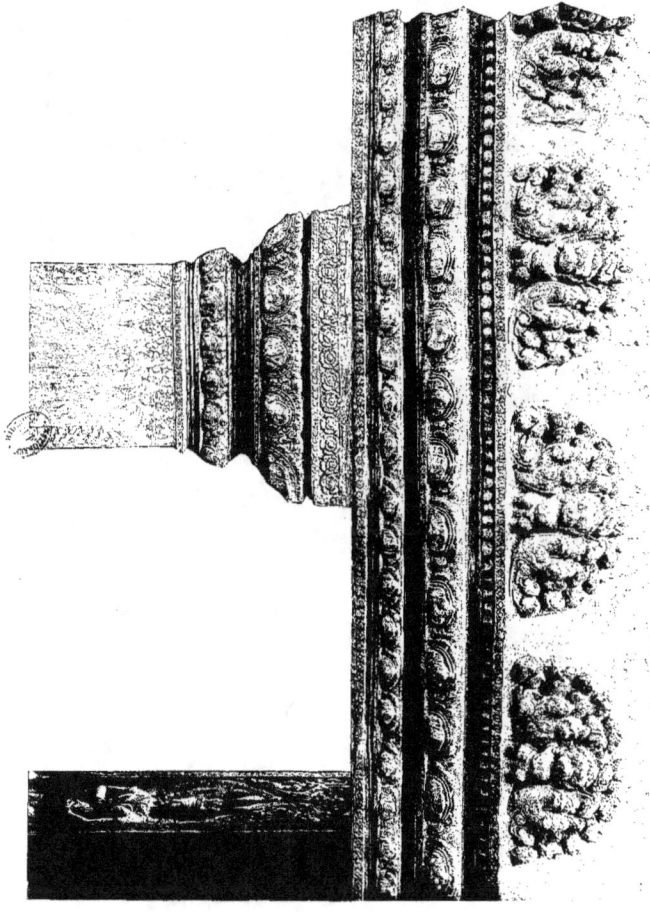

Pl. 16

ANGKOR-VAT

TOUR CENTRALE — CORNICHE DES GALERIES

PL. 17
ANGKOR-VAT
TOUR CENTRALE : LINTEAU RELIANT DEUX PILIERS

ANGKOR - VAT

CHAUSSÉE EXTÉRIEURE FACE OUEST

CHAPITEAU D'UNE DES COLONNES AU DROIT DU MUR DE SOUTÈNEMENT

Pl. 19
ANGKOR - VAT
TERRASSE CRUCIFORME A L'OUEST DU MONUMENT
CHAPITEAU D'UNE DES GRANDES COLONNES AU DROIT DU MUR DE SOUTENEMENT

PL. 20

ANGKOR-VAT

TOUR CENTRALE : ORNEMENTATION AU 1/3 DES PILIERS DE GALERIES
GALERIE EN CROIX : MOTIF DE BASE DES GRANDS PILIERS

PL. 21
ANGKOR-VAT
ORNEMENTATION D'UN DES TABLEAUX DE PORTE

PL. 22

ANGKOR-VAT

FRAGMENTS D'ORNEMENTATION DES TABLEAUX DE BAIES ET DE PORTES

PL. 23

ANGKOR - VAT

TOUR CENTRALE — FRAGMENT DE PILASTRE ET DE LINTEAU

Pl. 24

ANGKOR - VAT

PLAFOND EN BOIS DE LA GALERIE EN CROIX

PL. 25
ANGKOR - VAT
ENTRÉE OUEST — LAMBRIS DES PASSAGES A NIVEAU

PL. 26

ANGKOR-VAT

LAMBRIS DANS LES GALERIES DE L'ENTRÉE OUEST

PL. 27
ANGKOR-VAT
ENTRÉE OUEST — LAMBRIS DANS LES GALERIES DE LA TOUR MÉDIANE

ANGKOR-VAT

ENTRÉE OUEST — LAMBRIS DANS LES GALERIES DE LA TOUR MÉDIANE

PL. 29 ANGKOR-VAT

ENTRÉE OUEST (COTÉ DU PARC) — FRISE AU-DESSUS DES BAIES

PL. 30 ANGKOR-VAT

ENTRÉE OUEST (COTÉ DU PARC) — FRAGMENTS DE FRISE AU-DESSUS DES BAIES

Pl. 31

TA-PRÔM

FRISES AU-DESSUS DES BAIES

ANGKOR-VAT

CHAUSSÉE DU PARC — MUR DE SOUTENEMENT

PL. 33
ANGKOR - VAT
TOUR CENTRALE — SOUBASSEMENT DES PILASTRES

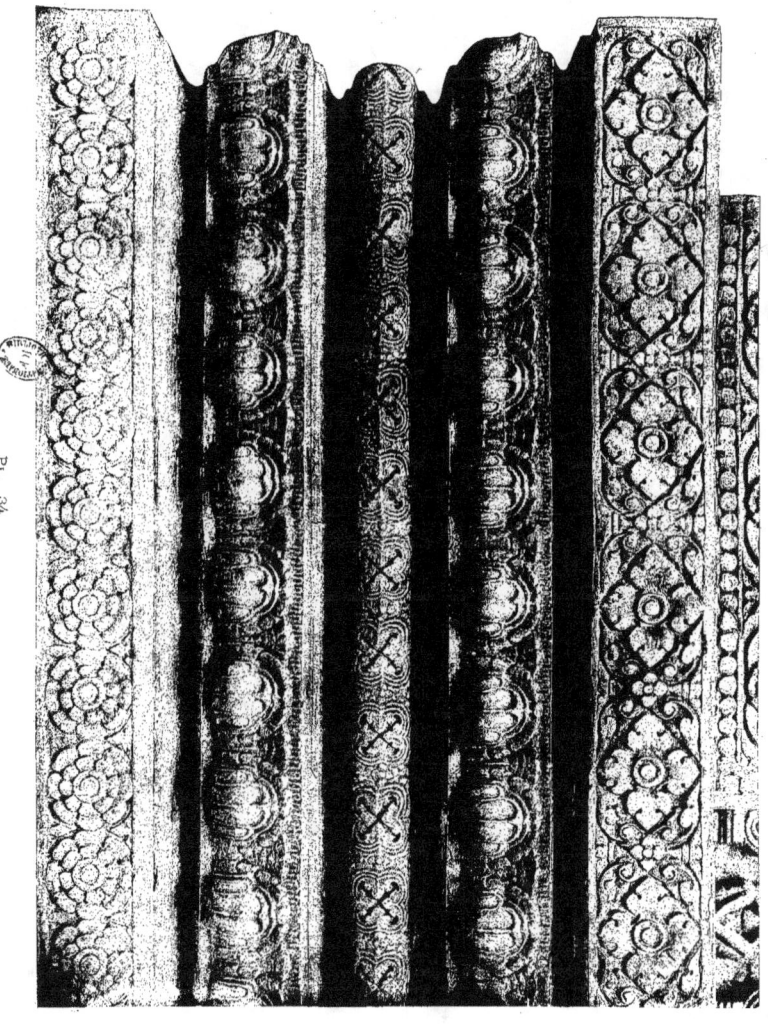

PL. 34

THAMMA-NÂN

SOUBASSEMENT DES GALERIES

BENG-MÉALÉA
PLATE-BANDE SUPÉRIEURE DU SOUBASSEMENT GÉNÉRAL DE L'ÉDIFICE

PRAH-BANTEAY
FRISE SOUS LA CORNICHE

THAMMA-NÂN

Pl. 36

PONTEAY-PREA-KHAN

FRAGMENTS DE PRISE SOUS CORNICHE

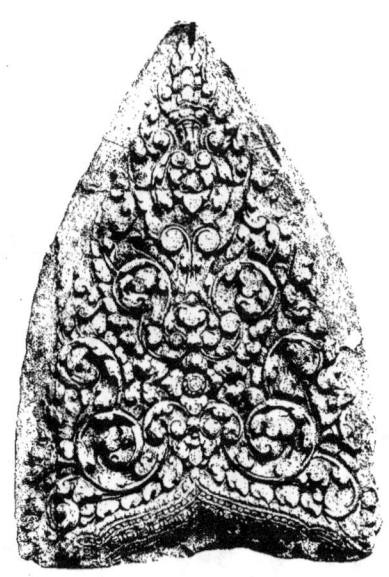

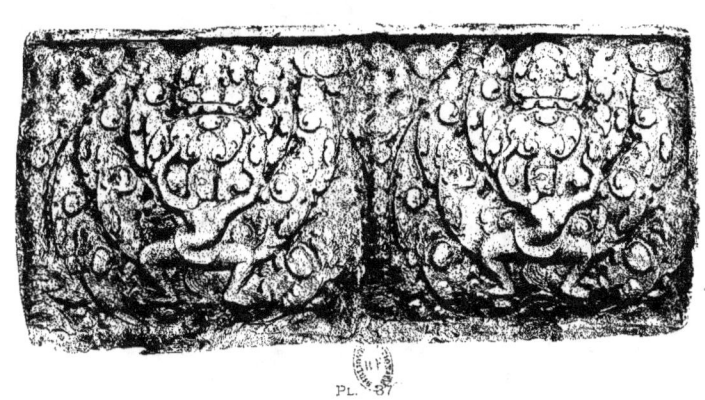

ANGKOR - VAT

ORNEMENTATION AU DESSUS D'UNE NICHE OGIVALE

ORNEMENTATION D'UNE DOUCINE

Pl. 38

ANGKOR - VAT

TOUR MÉDIANE DE L'ENTRÉE OUEST — MOTIFS D'ORNEMENTATION ENTRE LES BAIES

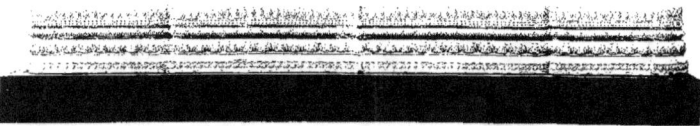

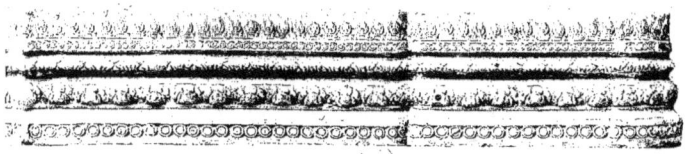

Pl. 39

ANGKOR-VAT

TOUR MÉDIANE DE L'ENTRÉE OUEST : ORNEMENTATION D'UN ÉCOINÇON

MARCHE ORNÉE AU DROIT DES SEUILS DE PORTE

ANGKOR-VAT — PL. 40

MOITIÉ DES BALUSTRES DES BAIES ET FAUSSES BAIES

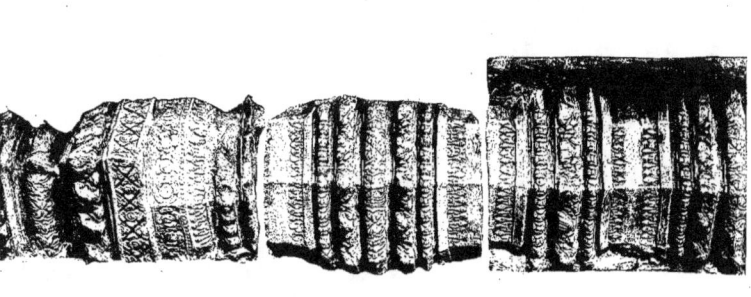

PL. 41

THAMMA-NAN — CHAU-SEI-TÉVADA

COLONNES CANTONNÉES AUX ANGLES DES PORTES

Pl. 42

ANGKOR - VAT

2ᴍᴇ ETAGE, GALERIE FACE EST

PROCÉDÉ EMPLOYÉ PAR LES KHMERS POUR EXÉCUTER LA SCULPTURE

Pl. 43
ANGKOR - VAT
TOUR MÉDIANE DE L'ENTRÉE OUEST (COTÉ DU PARC)
ORNEMENTATION DU MUR D'ANGLE AU-DESSUS DU SOUBASSEMENT

ANGKOR - VAT

TOUR MÉDIANE DE L'ENTRÉE OUEST (COTÉ DU PARC)

ORNEMENTATION DU MUR D'ANGLE AU-DESSUS DU SOUBASSEMENT

Pl. 45

PIMEAN - ACAS, DANS ANGKOR - THÔM

GRANDE TERRASSE A L'EST

FRAGMENT D'UN DES ANGLES D'UNE PETITE TOUR SUR LA PLATE-FORME NORD-EST

PL. 46
LOLÉY
NICHE EN GRÈS ENCASTRÉE DANS LES TOURS EN BRIQUES

PL. 47
LOLÉY
NICHE EN GRÈS ENCASTRÉE DANS LES TOURS EN BRIQUES

PL. 48

BAKONG

FAUSSE PORTE D'UNE DES TOURS

Pl. 49

MÉ-BAUNE

FAUSSE PORTE D'UNE DES TOURS

PL. 50
MÊ-BAUNE
MENEAU ET PANNEAU DE LA FAUSSE PORTE (PL. 49)

Pl. 51
LOLÉY
FAUSSE PORTE D'UNE DES TOURS

Pl. 52
LOLÉY
MENEAU ET PANNEAU DE LA FAUSSE PORTE (PL. 51)

PL. 53
LOLÉY
FAUSSE PORTE D'UNE DES TOURS

PL. 54

LOLÉY

MENEAU ET PANNEAU DE LA FAUSSE PORTE (PL. 53)

PL. 55
PREA - RUP
MENEAU D'UNE FAUSSE PORTE : BOUTON ET ENTRE-DEUX

PREA-RUP

Pl. 53

TA-PRÔM

PARTIES CENTRALES DE LINTEAUX DE PORTE

Pl. 57
THAMMA-NAN
PARTIES CENTRALES DE LINTEAUX DE PORTE

PL. 58
PHNOM - BACHEY
LINTEAU D'UNE DES PORTES

PL. 59

BAYON, DANS ANGKOR-THOM

LINTEAU D'UNE DES PORTES

PL. 60

BAYON, DANS ANGKOR-THOM
PARTIE CENTRALE D'UN LINTEAU DE PORTE

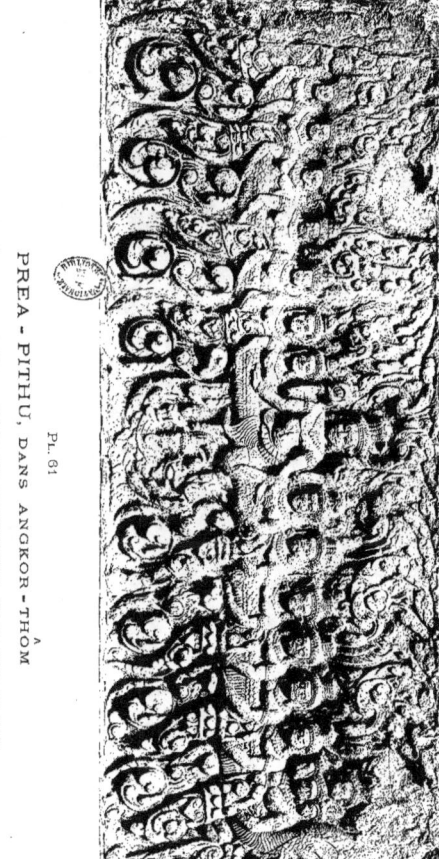

PL. 61
PREA-PITHU, DANS ANGKOR-THOM
LINTEAU D'UNE DES PORTES : SCÈNE DU BARATTEMENT DE LA MER DE LAIT

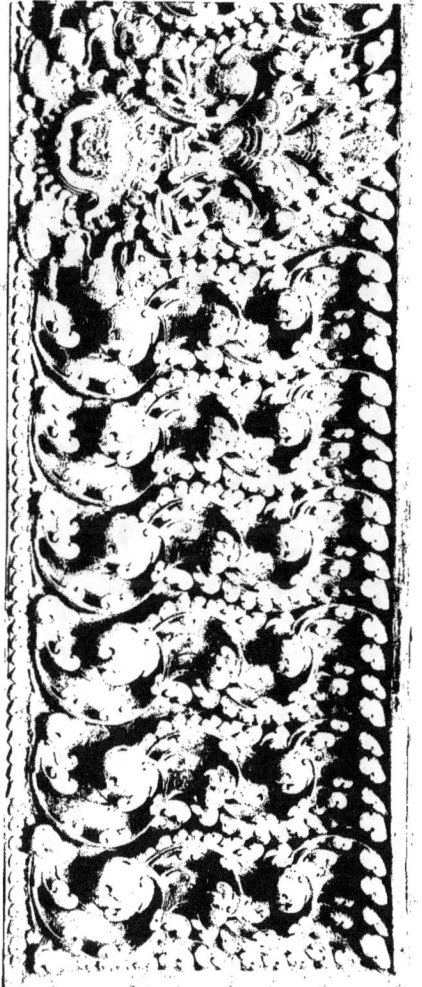

Pl. 62

THAMMA - NÂN

LINTEAU D'UNE DES PORTES

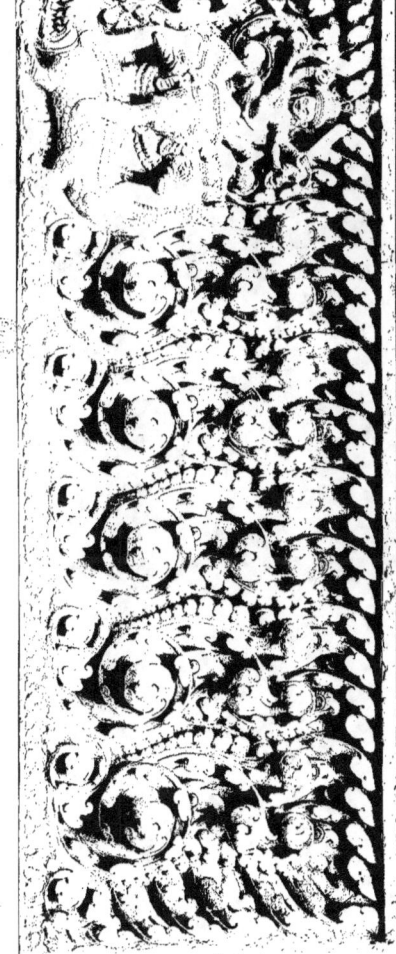

PL. 63
THAMMA-NÂN
LINTEAU D'UNE DES PORTES

Pl. 64
LOLÈY
LINTEAU D'UNE DES PORTES

PL. 65
ANGHKOR-VAT
ENTRÉE OUEST : (CÔTÉ DU PARC) LINTEAU DE PORTE

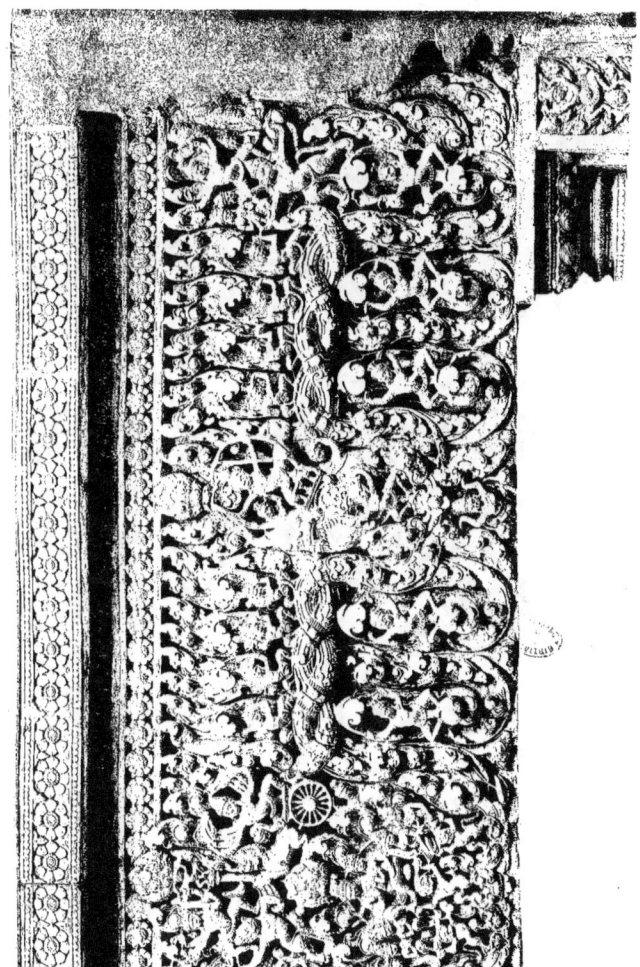

PL. 66

ANGKOR - VAT

ENTRÉE OUEST (COTÉ DU PARC)

COMPLÉMENT DU LINTEAU DE PORTE DE LA PLANCHE 65

PL. 67
LOLÉY
FRISES AU-DESSUS DES LINTEAUX DE PORTE

Pl. 68
ANGKOR-THÔM
PLATE-BANDE DE SOUBASSEMENT

LOLÊY
FRISE AU-DESSUS D'UN LINTEAU DE PORTE

PL. 69
LOLÉY
FRISE AU-DESSUS D'UN LINTEAU DE PORTE

Pl. 70

VAT BACHET BAAR — COMPONG-CHAM SUR LE MÉKONG

PORTE D'ENTRÉE DU SANCTUAIRE (FACE OUEST)

PL. 71

VAT BACHEY BAAR — COMPONG-CHAM SUR LE MÉKONG

TYMPAN DE FRONTON DE LA PORTE D'ENTRÉE DU SANCTUAIRE (FACE EST)

Pl. 72.

PREA-PITHU, DANS ANGKOR-THOM

DEMI-FRONTON D'ANGLE

PL. 73
TA-PRÔM
FRAGMENT D'UN FRONTON AU-DESSUS D'UNE PORTE DE GALERIE

TA-PRÔM
PARTIE CENTRALE D'UN TYMPAN DE FRONTON

MÊ-BAUNE
LINTEAU DE PORTE : VOLUTE D'ANGLE

PL. 75

BAYON, DANS ANGKOR-THOM

TOURELLE SUR LA PLATE-FORME DU 3ᴹᴱ ÉTAGE

Pl. 76
ANGKOR - VAT
STÈLES DÉPOSÉES DANS LA GALERIE EN CROIX

ANGKOR - VAT

STÈLES DÉPOSÉES DANS LA GALERIE EN CROIX

Pl. 78
PRAHKHAN — COMPONG-THŎM
STÈLES

PL. 79
PRAHKHAN — COMPONG-THÔM
STELES

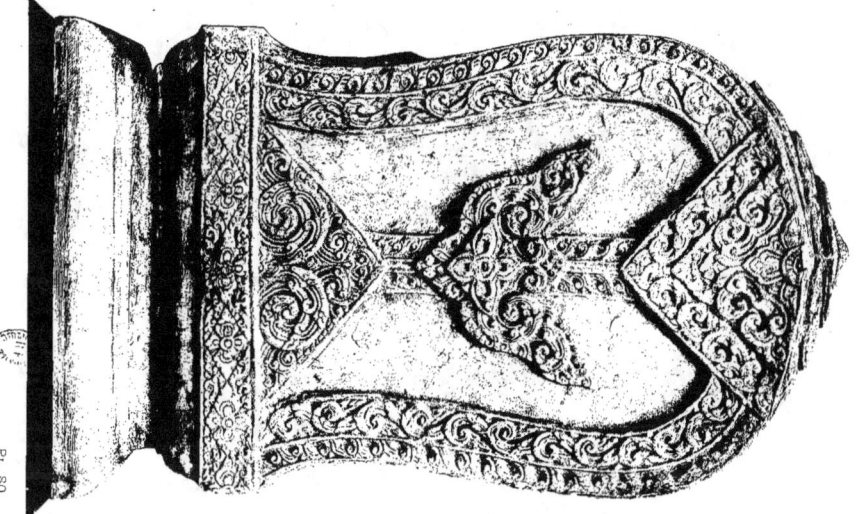

PL. 80

BAKONG

STÈLE DÉPOSÉE DANS LA PAGODE MODERNE

BAPUON, DANS ANGKOR-THOM

BAS-RELIEFS : ANGLE D'UNE DES TOURS DU 2ᵐᴱ ÉTAGE

PL. 82

BAPUON, DANS ANGKOR-THOM

BAS-RELIEFS: ANGLE D'UNE DES TOURS DU 2ᴹᴱ ÉTAGE

PL. 83

ANGHKOR-VAT

1ᵉʳ ÉTAGE : GALERIE SUD-EST

BAS RELIEFS : FRAGMENT DU BARATTEMENT DE LA MER DE LAIT — PARTIE INFÉRIEURE

PL. 84

ANGHKOR-VAT

1ᵉʳ ÉTAGE : GALERIE SUD-EST

BAS RELIEFS : FRAGMENT DU BARATTEMENT DE LA MER DE LAIT — PARTIE INFÉRIEURE

PL. 85

ANGKOR-VAT

1ᴇʀ ÉTAGE : GALERIE OUEST-SUD

BAS-RELIEFS : ÉPISODE DE COMBAT DE PANDAVAS ET DE KAURAVAS (MAHABHARATA)

Pl. 86

ANGKOR-VAT

1ᴇʀ ÉTAGE (GALERIE OUEST-NORD)

BAS-RELIEFS : ÉPISODE DES COMBATS DU RAMAYANA

EXPLOIT D'HANUMANT

PL. 87

ANGHKOR-VAT

1ᴇʀ ÉTAGE : SALLE SITUÉE A L'ANGLE OUEST-NORD

BAS RELIEFS : ÉPISODE DES COMBATS DU RAMAYANA — EXPLOIT D'HANUMANT

Pl. 88

ANGKOR-VAT

1ᵉʳ ÉTAGE (GALERIE OUEST-NORD)

BAS-RELIEFS : ÉPISODE DES COMBATS DU RAMAYANA

RAMA MONTÉ SUR HANUMANT

Pl. 89

ANGKOR-VAT

1ᴱᴿ ÉTAGE (GALERIE OUEST-NORD)

BAS-RELIEFS : ÉPISODE DES COMBATS DU RAMAYANA

RAVANA ATTAQUÉ PAR HANUMANT

Pl. 90

ANGKOR - VAT

1ᴱᴿ ÉTAGE (GALERIE NORD-OUEST)

BAS RELIEFS : SCÈNE DE COMBAT DE DEVAS ET D'ASOURAS — L'OISEAU HANSA

ANGKOR-VAT

1er ÉTAGE : SALLE SITUÉE A L'ANGLE OUEST-NORD

BAS RELIEFS : ÉPISODE DES COMBATS DU RAMAYANA — MORT D'HANUMANT

Pl. 92

ANGHKOR-VAT

1ᵉʳ ÉTAGE : SALLE SITUÉE A L'ANGLE OUEST-SUD

BAS RELIEFS : BARQUE ROYALE

PL. 93
ANGHKOR-VAT
1er ÉTAGE : GALERIE SUD-OUEST
BAS RELIEFS : DÉFILÉ DE GUERRIERS

Pl. 94

ANGKOR-VAT

1ᵉʳ ETAGE: (GALERIE SUD EST)

BAS-RELIEFS: PRINCE DANS SON PALAIS ENTOURÉ DE FEMMES (SCÈNE DU PARADIS)

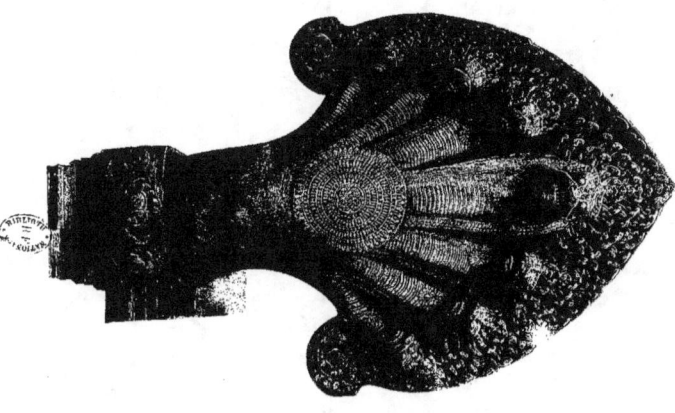

PL. 95

PIMEAN-ACAS, DANS ANGKOR-THOM

TÊTE DE BALUSTRADE, LE SERPENT (NAGA)

PRASAT-PRATHCÔL

TÊTE DE BALUSTRADE : GARUDA AU MILIEU DES TÊTES DU NAGA

PL. 97

PRASAT-PRAH-DAMREY

ÉLÉPHANT (AYRAVATI) ORNANT LES ANGLES DE LA PYRAMIDE QUI SUPPORTAIT LE SANCTUAIRE

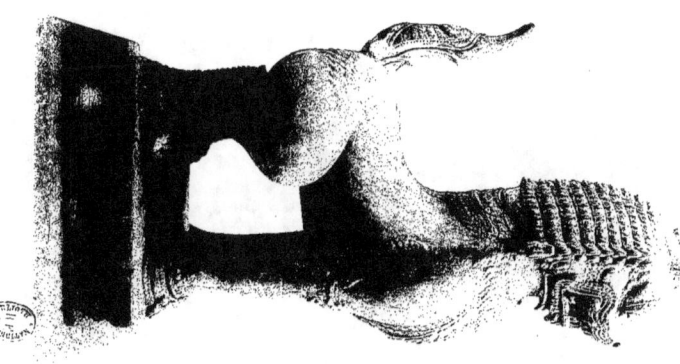

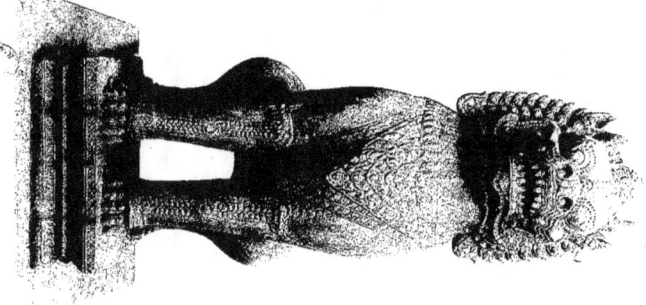

Pl. 98

PRAHKHAN — COMPOING-THOM

LION (SONG) PLACÉS SUR LES LIMONS DES ESCALIERS

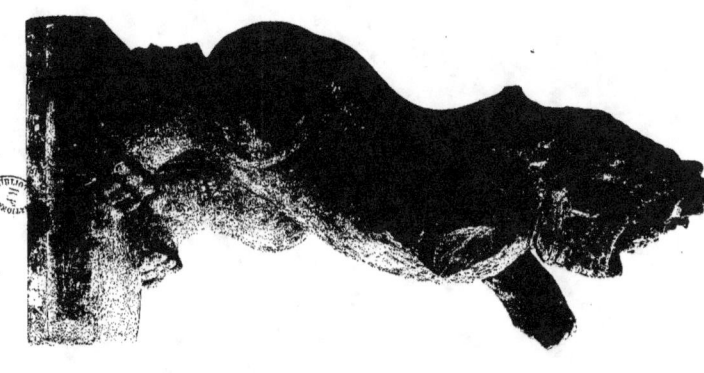

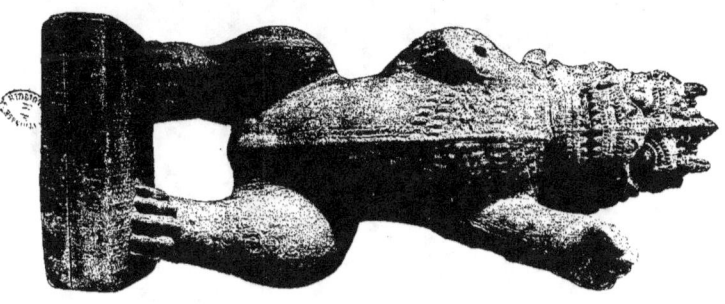

PRAHKHAN — COMPONG-THOM

LION DRESSÉ : GARDIEN DE L'ENTRÉE DU MONUMENT

Pl. 99

PL. 100 ANGHKOR-VAT

STATUETTES DE BOUDDHA DÉPOSÉES DANS LA GALERIE EN CROIX

PL. 101

VAT BACHET BAAR — COMPONG-CHAM SUR LE MÉKONG

STATUETTES DE BOUDDHA DÉPOSÉES DEVANT L'ENTRÉE EST DU SANCTUAIRE
SOUS LA PAGODE MODERNE

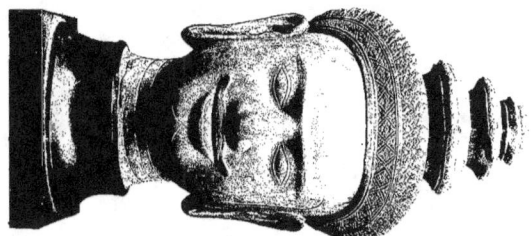

PL. 102

PRASAT PHNOM BOC

CIVA — BRAHMA — VISHNOU

Pl. 103
BASSET — PROVINCE DE BATTAMBANG
BRAHMA

PL. 104
PRAHKHAN — COMPONG-THOM
BOUDDHA ASSIS SUR LE NAGA HEPTACÉPHALE

Pl. 105
PRAHKHAN — COMPONG-THOM
BOUDDHA

Pl. 106
TCHIAMPA
CIVA : ART TCHIAM OU DE L'ANCIEN TCHIAMPA

Pl. 107
PRASAT-PRATHCÔL
GÉANT (PHI) PORTE MASSUE, GARDIEN DE L'ENTRÉE DE L'ENCEINTE

PRASAT-PRATHCÔL

GUERRIER GARDIEN DES TEMPLES BOUDDHIQUES

Pl. 109
CAMBODGE & SIAM
VASES EN GRÈS VERNISSÉ AU CINQUIÈME D'EXÉCUTION

Pl. 110

CAMBODGE & SIAM

VASES EN GRÈS VERNISSÉ AU CINQUIÈME D'EXÉCUTION

Angkor-Vat. — Rosace des 1/2 voûtes.

TABLE DES PLANCHES

1 Angkor-thôm. — Fragments divers de décoration.
2 Piméan-acas. — Fragment de pilastre.
3 Beng-méaléa. —
4 — — —
5 — — —
6 — — —
7 Thamma-nân. Beng-méaléa. — Fragments de pilastre.
8 Thamma-nân. Anghor-Vat. — —
9 Ta-prôm. Thamma-nân. — —
10 Baraï-mé-baune. Thamma-nân. —
11 Phnom Bachey. — Chapiteaux de pilastre.
12 Ponteay-préa-Khan, près Angkor-thôm. — Fragment de pilastre.
13 Angkor-Vat : Entrée ouest. — Fragment de pilastre.
14 — . Chapiteaux de pilier et de pilastre.
15 — . Entablement de la galerie en croix.
16 — : Tour centrale. — Corniche des galeries.
17 — : — — Linteau reliant deux piliers.

TABLE DES PLANCHES

18 Angkor-Vat : Chaussée extérieure (face ouest). — Chapiteau d'une des colonnes au droit du mur de soutènement.
19 — : Terrasse cruciforme à l'ouest du monument. — Chapiteau d'une des grandes colonnes au droit du mur de soutènement.
20 — . Galerie en croix : motif de base des grands piliers. — Tour centrale : ornementation au 1/3 des piliers de galeries.
21 — : Ornementation d'un des tableaux de porte.
22 — : Fragments d'ornementation des tableaux de baies et de portes.
23 — . Tour centrale. — Fragment de pilastre et de linteau.
24 — . Plafond en bois de la galerie en croix.
25 — : Entrée ouest. — Lambris des passages à niveau.
26 — : Lambris dans les galeries de l'entrée ouest.
27 — : Entrée ouest. — Lambris dans les galeries de la tour médiane.
28 — — —
29 — — (côté du parc.) — Frise au-dessus des baies.
30 — — — — Fragments de frise au-dessus des baies.
31 Ta-prôm. — Frises au-dessus des baies.
32 Angkor-Vat : Chaussée du parc. — Mur de soutènement.
33 — : Tour centrale. — Soubassement des pilastres.
34 Thamma-nân. — Soubassement des galeries.
35 Beng-méaléa. — Plate-bande de soubassement général de l'édifice. — Prah-Banteay. — Frise sous la corniche.
36 Thamma-nân. — Ponteay-pra-Khan. — Fragments de frise sous corniche.
37 Angkor-Vat : Ornementation au-dessus d'une niche ogivale. — Ornementation d'une doucine.
38 — : Tour médiane de l'entrée ouest. — Motifs d'ornementation entre les baies.
39 — : — — 1^{er} étage : ornementation d'un écoinçon. — Marche ornée au droit des seuils de porte.
40 — : Moitié de balustres des baies et fausses baies.
41 Thamma-nân. Chau-sei-Tĕvada. — Colonnes cantonnées aux angles des portes.
42 Angkor-Vat : 2^e étage, galerie face est. — Procédé employé par les Khmers pour exécuter la sculpture.
43 — : Tour médiane de l'entrée ouest (côté du parc). — Ornementation du mur d'angle au-dessus du soubassement.
44 — : Tour médiane de l'entrée ouest (côté du parc). — Ornementation du mur d'angle au-dessus du soubassement.
45 Pimean-acas, dans Angkor-thôm : Grande terrasse à l'est. — Fragment d'un des angles d'une petite tour sur la plate-forme nord-est.
46 Loléy. — Niche en grès encastrée dans les tours en briques.
47 — — —
48 Bakong. — Fausse porte d'une des tours.
49 Mé-baune. — — —

TABLE DES PLANCHES

50 Mé-baune. — Meneau et panneau de la fausse porte (planche 49).
51 Loléy. — Fausse porte d'une des tours.
52 — — Meneau et panneau de la fausse porte (planche 51).
53 — — Fausse porte d'une des tours.
54 — — Meneau et panneau de la fausse porte (planche 53).
55 Prea-rup. — Meneau d'une fausse porte : bouton et entre-deux.
56 Prea-rup. Ta-pròm. — Parties centrales de linteaux de porte.
57 Thamma-nân. — — —
58 Phnom Bachey. — Linteau d'une des portes.
59 Bayon, dans Angkor-thôm. — Linteau d'une des portes.
60 — — — Partie milieu d'un linteau de porte.
61 Prea-pithu, dans Angkor-thôm. —Linteau d'une des portes : le barattement de la mer de lait.
62 Thamma-nân. — Linteau d'une des portes.
63 — — —
64 Loléy. — —
65 Angkor-Vat : Entrée ouest (côté du parc). — Linteau de porte.
66 — — — — Complément du linteau de porte de la planche 65.
67 Loléy. — Frises au-dessus des linteaux de porte.
68 — — Frises au-dessus des linteaux de porte. — Angkor-thôm. — Plate-bande de soubassement.
69 — — Frise au-dessus des linteaux de porte.
70 Vat Bachey Baar. Compong Cham. — Porte d'entrée du sanctuaire (face ouest).
71 — — — Tympan du fronton de la porte d'entrée du sanctuaire (face est).
72 Prea-pithu, dans Angkor-thôm. — Demi-fronton d'angle.
73 Ta-pròm. — Fragment d'un fronton au-dessus d'une porte de galerie.
74 — — Partie centrale d'un tympan de fronton. — Mé-baune. — Linteau de porte : volute d'angle.
75 Bayon, dans Angkor-thôm. — Tourelle sur la plate-forme du 3ᵉ étage.
76 Angkor-Vat : Stèles déposées dans la galerie en croix.
77 — — —
78 Prahkhan. Compong-thôm. — Stèles.
79 — — —
80 Bakong. — Stèle déposée dans la pagode moderne.
81 Bapuon, dans Angkor-thôm. — Bas-reliefs : Angle d'une des tours du 2ᵉ étage.
82 — — — —
83 Angkor-Vat : 1ᵉʳ étage. — Galerie est-sud. — Bas-reliefs : Fragment du barattement de la mer de lait, partie inférieure.
84 — — — — Fragment du barattement de la mer de lait, partie inférieure.

TABLE DES PLANCHES

85 Angkor-Vat : 1ᵉʳ étage. — Galerie ouest-sud. — Bas-reliefs : Épisode de combat de Pandavas et de Kauravas (Mahabhârata).
86 — — Galerie ouest-nord. — Épisode des combats du Ramayana. — Exploit d'Hanumant.
87 — — — — — Épisode des combats du Ramayana. — Exploit d'Hanumant.
88 — — — — — Épisode des combats du Ramayana. — Rama monté sur Hanumant.
89 — — — — — Épisode des combats du Ramayana. — Ravana attaqué par Hanumant.
90 — — Galerie nord-ouest. — Scène de combat de Devas et d'Asouras. — L'oiseau Hansa.
91 — — Salle située à l'angle ouest-nord. — Bas-reliefs : Épisode des combats de Ramayana. — Mort d'Hanumant.
92 — — Salle située à l'angle ouest-sud. — Bas-reliefs : Barque royale.
93 — — Galerie sud-ouest. — Bas-reliefs : Défilé de guerriers.
94 — — Galerie sud-est. — — Prince dans son palais entouré de femmes (scène du paradis)
95 Pimean-acas, dans Angkor-thôm. — Tête de balustrade : le serpent (Naga).
96 Prasat Prathcôl. — Tête de balustrade : Garuda au milieu des têtes du Naga.
97 Prasat-prah-Damrey. — Éléphant (Ayravat) ornant les angles de la pyramide qui supportait le sanctuaire.
98 Prahkhan. Compong-thôm. — Lion (song) placés sur les limons des escaliers.
99 — Lion dressé : gardien de l'entrée du monument.
100 Angkor-Vat. — Statuettes de bouddha déposées dans la galerie en croix.
101 Vat Bachey Baar. Compong Cham. — Statuettes de bouddha déposées devant l'entrée Est du sanctuaire sous la pagode moderne.
102 Prasat phnom Boc. — Çiva. — Brahma. — Vishnou.
103 Basset, province de Battambang. — Brahma.
104 Prahkhan. Compong-thôm. — Bouddha assis sur le Naga heptacéphale.
105 — Bouddha.
106 Tchiampa. — Çiva : Art Tchiam ou de l'ancien Tchiampa.
107 Prasat Prathcôl. — Géant (phi) porte-massue, gardien de l'entrée de l'enceinte.
108 — Guerrier gardien des temples bouddhiques.
109 Cambodge et Siam. — Vases en grès vernissé au cinquième d'exécution.
110 — — —

Angkor-Vat. — Rosace des 1/2 voûtes.

TABLE DES PLANCHES

1 Angkor-thôm. — Fragments divers de décoration.
2 Piméan-acas. — Fragment de pilastre.
3 Beng-méaléa. — —
4 — — —
5 — — —
6 — — —
7 Thamma-nân. Beng-méaléa. — Fragments de pilastre.
8 Thamma-nân. Anghor-Vat. — —
9 Ta-prôm. Thamma-nân. — —
10 Baraï-mé-baune. Thamma-nân. —
11 Phnom Bachey. — Chapiteaux de pilastre.
12 Ponteay-préa-Khan, près Angkor-thôm. — Fragment de pilastre.
13 Angkor-Vat : Entrée ouest. — Fragment de pilastre.
14 — . Chapiteaux de pilier et de pilastre.
15 — . Entablement de la galerie en croix.
16 — : Tour centrale. — Corniche des galeries.
17 — : — — Linteau reliant deux piliers.

TABLE DES PLANCHES

18 Angkor-Vat : Chaussée extérieure (face ouest). — Chapiteau d'une des colonnes au droit du mur de soutènement.
19 — : Terrasse cruciforme à l'ouest du monument. — Chapiteau d'une des grandes colonnes au droit du mur de soutènement.
20 — . Galerie en croix : motif de base des grands piliers. — Tour centrale : ornementation au 1/3 des piliers de galeries.
21 — : Ornementation d'un des tableaux de porte.
22 — : Fragments d'ornementation des tableaux de baies et de portes.
23 — . Tour centrale. — Fragment de pilastre et de linteau.
24 — . Plafond en bois de la galerie en croix.
25 — : Entrée ouest. — Lambris des passages à niveau.
26 — : Lambris dans les galeries de l'entrée ouest.
27 — : Entrée ouest. — Lambris dans les galeries de la tour médiane.
28 — — — —
29 — — (côté du parc.) — Frise au-dessus des baies.
30 — — — Fragments de frise au-dessus des baies.
31 Ta-prôm. — Frises au-dessus des baies.
32 Angkor-Vat : Chaussée du parc. — Mur de soutènement.
33 — : Tour centrale. — Soubassement des pilastres.
34 Thamma-nân. — Soubassement des galeries.
35 Beng-méaléa. — Plate-bande de soubassement général de l'édifice. — Prah-Banteay. — Frise sous la corniche.
36 Thamma-nân. — Ponteay-pra-Khan. — Fragments de frise sous corniche.
37 Angkor-Vat : Ornementation au-dessus d'une niche ogivale. — Ornementation d'une doucine.
38 — : Tour médiane de l'entrée ouest. — Motifs d'ornementation entre les baies.
39 — : — — 1^{er} étage : ornementation d'un écoinçon. — Marche ornée au droit des seuils de porte.
40 — : Moitié de balustres des baies et fausses baies.
41 Thamma-nân. Chau-seï-Tëvada. — Colonnes cantonnées aux angles des portes.
42 Angkor-Vat : 2^e étage, galerie face est. — Procédé employé par les Khmers pour exécuter la sculpture.
43 — : Tour médiane de l'entrée ouest (côté du parc.) — Ornementation du mur d'angle au-dessus du soubassement.
44 — : Tour médiane de l'entrée ouest (côté du parc). — Ornementation du mur d'angle au-dessus du soubassement.
45 Pimean-acas, dans Angkor-thôm : Grande terrasse à l'est. — Fragment d'un des angles d'une petite tour sur la plate-forme nord-est.
46 Loléy. — Niche en grès encastrée dans les tours en briques.
47 — — —
48 Bakong. — Fausse porte d'une des tours.
49 Mé-baune. — — —

TABLE DES PLANCHES

50 Mé-baune. — Meneau et panneau de la fausse porte (planche 49).
51 Loléy. — Fausse porte d'une des tours.
52 — — Meneau et panneau de la fausse porte (planche 51).
53 — — Fausse porte d'une des tours.
54 — — Meneau et panneau de la fausse porte (planche 53).
55 Prea-rup. — Meneau d'une fausse porte : bouton et entre-deux.
56 Prea-rup. Ta-prôm. — Parties centrales de linteaux de porte.
57 Thamma-nân. — — —
58 Phnom Bachey. — Linteau d'une des portes.
59 Bayon, dans Angkor-thôm. — Linteau d'une des portes.
60 — — — Partie milieu d'un linteau de porte.
61 Prea-pithu, dans Angkor-thôm. — Linteau d'une des portes : le barattement de la mer de lait.
62 Thamma-nân. — Linteau d'une des portes.
63 — — —
64 Loléy. — —
65 Angkor-Vat : Entrée ouest (côté du parc). — Linteau de porte.
66 — — — — Complément du linteau de porte de la planche 65.
67 Loléy. — Frises au-dessus des linteaux de porte.
68 — — Frises au-dessus des linteaux de porte. — Angkor-thôm. — Plate-bande de soubassement.
69 — — Frise au-dessus des linteaux de porte.
70 Vat Bachey Baar. Compong Cham. — Porte d'entrée du sanctuaire (face ouest).
71 — — — Tympan du fronton de la porte d'entrée du sanctuaire (face est).
72 Prea-pithu, dans Angkor-thôm. — Demi-fronton d'angle.
73 Ta-prôm. — Fragment d'un fronton au-dessus d'une porte de galerie.
74 — — Partie centrale d'un tympan de fronton. — Mé-baune. — Linteau de porte : volute d'angle.
75 Bayon, dans Angkor-thôm. — Tourelle sur la plate-forme du 3ᵉ étage.
76 Angkor-Vat : Stèles déposées dans la galerie en croix.
77 — — —
78 Prahkhan. Compong-thôm. — Stèles.
79 — — —
80 Bakong. — Stèle déposée dans la pagode moderne.
81 Bapuon, dans Angkor-thôm. — Bas-reliefs : Angle d'une des tours du 2ᵉ étage.
82 — — —
83 Angkor-Vat : 1ᵉʳ étage. — Galerie est-sud. — Bas-reliefs : Fragment du barattement de la mer de lait, partie inférieure.
84 — — — — — Fragment du barattement de la mer de lait, partie inférieure.

TABLE DES PLANCHES

85 Angkor-Vat : 1ᵉʳ étage. — Galerie ouest-sud. — Bas-reliefs : Épisode de combat de Pandavas et de Kauravas (Mahabhârata).

86 — — Galerie ouest-nord. — Épisode des combats du Ramayana. — Exploit d'Hanumant.

87 — — — — Épisode des combats du Ramayana. — Exploit d'Hanumant.

88 — — — — Épisode des combats du Ramayana. — Rama monté sur Hanumant.

89 — — — — Épisode des combats du Ramayana. — Ravana attaqué par Hanumant.

90 — — Galerie nord-ouest. — Scène de combat de Devas et d'Asouras. — L'oiseau Hansa.

91 — — Salle située à l'angle ouest-nord. — Bas-reliefs : Épisode des combats de Ramayana. — Mort d'Hanumant.

92 — — Salle située à l'angle ouest-sud. — Bas-reliefs : Barque royale.

93 — — Galerie sud-ouest. — Bas-reliefs : Défilé de guerriers.

94 — — Galerie sud-est. — — Prince dans son palais entouré de femmes (scène du paradis).

95 Pimean-acas, dans Angkor-thôm. — Tête de balustrade : le serpent (Naga).

96 Prasat Prathcôl. — Tête de balustrade : Garuda au milieu des têtes du Naga.

97 Prasat-prah-Damrey. — Éléphant (Ayravat) ornant les angles de la pyramide qui supportait le sanctuaire.

98 Prahkhan. Compong-thôm. — Lion (song) placés sur les limons des escaliers.

99 — — Lion dressé : gardien de l'entrée du monument.

100 Angkor-Vat. — Statuettes de bouddha déposées dans la galerie en croix.

101 Vat Bachey Baar. Compong Cham. — Statuettes de bouddha déposées devant l'entrée Est du sanctuaire sous la pagode moderne.

102 Prasat phnom Boc. — Çiva. — Brahma. — Vishnou.

103 Basset, province de Battambang. — Brahma.

104 Prahkhan. Compong-thôm. — Bouddha assis sur le Naga heptacéphale.

105 — — — Bouddha.

106 Tchiampa. — Çiva : Art Tchiam ou de l'ancien Tchiampa.

107 Prasat Prathcôl. — Géant (phi) porte-massue, gardien de l'entrée de l'enceinte.

108 — — Guerrier gardien des temples bouddhiques.

109 Cambodge et Siam. — Vases en grès vernissé de cinquième d'exécution.

110 — —

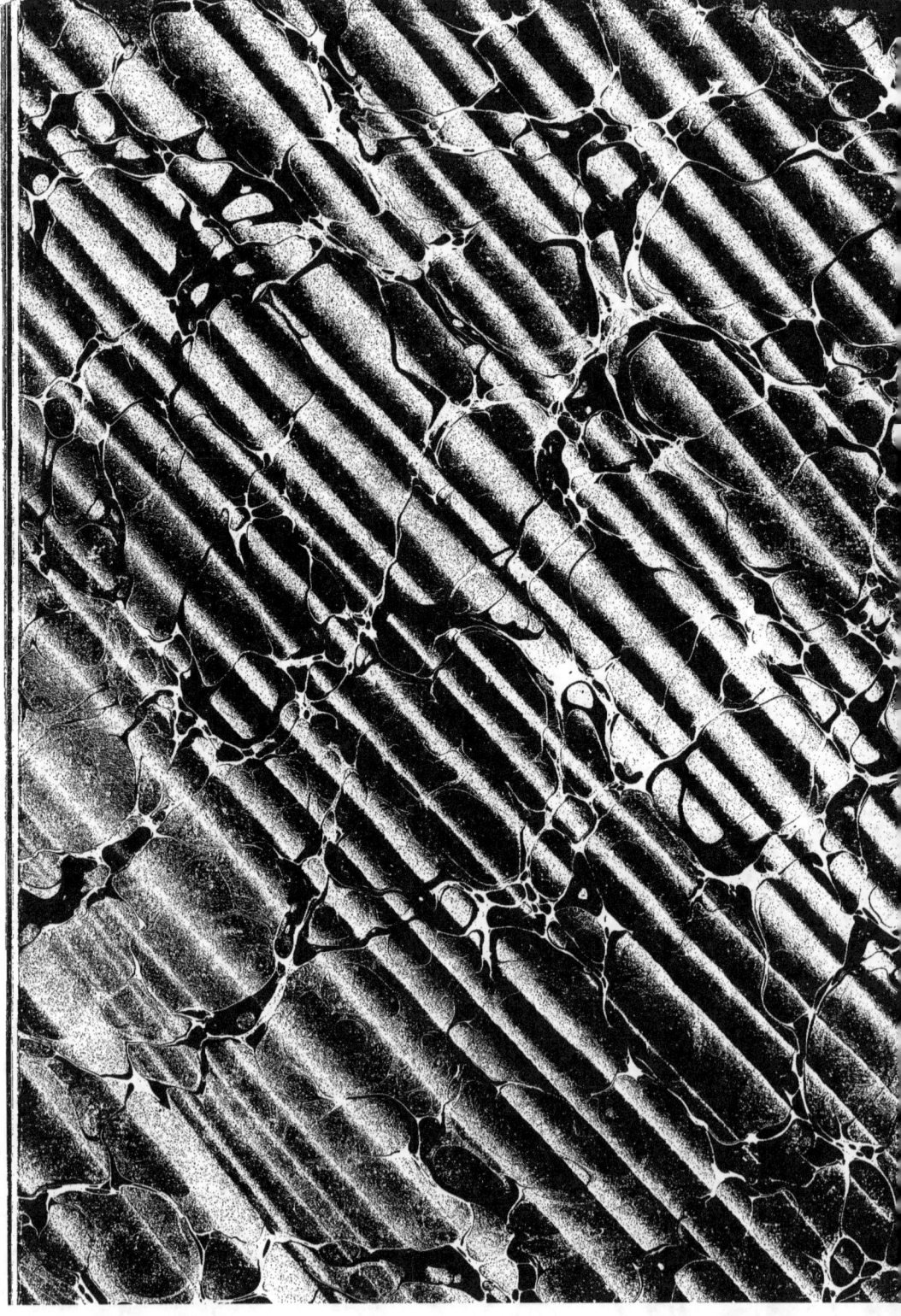

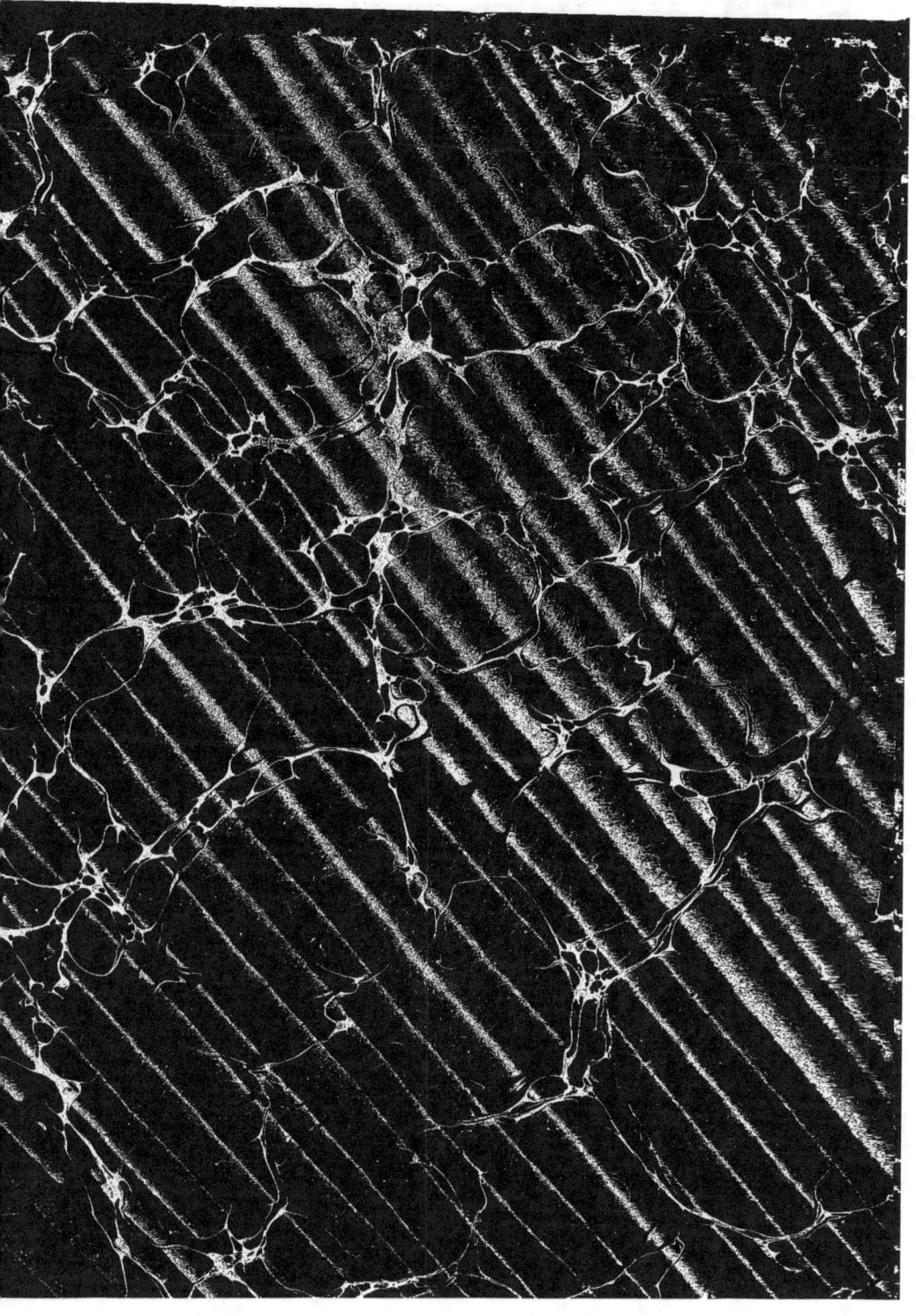

www.ingramcontent.com/pod-product-compliance
Lightning Source LLC
Chambersburg PA
CBHW071524220526
45469CB00003B/637